BEI GRIN MACHT SICH IHR
WISSEN BEZAHLT

Finanzierungs- und Marketingplan für ein Fitnessstudio im Verein

GRIN ☺

Bibliografische Information der Deutschen Nationalbibliothek:

Die Deutsche Nationalbibliothek verzeichnet diese Publikation in der Deutschen Nationalbibliografie; detaillierte bibliografische Daten sind im Internet über http://dnb.d-nb.de abrufbar.

ISBN: 9783346915672
Dieses Buch ist auch als E-Book erhältlich.

Druck und Bindung: Books on Demand GmbH, Norderstedt Germany
Gedruckt auf säurefreiem Papier aus verantwortungsvollen Quellen

Das vorliegende Werk wurde sorgfältig erarbeitet. Dennoch übernehmen Autoren und Verlag für die Richtigkeit von Angaben, Hinweisen, Links und Ratschlägen sowie eventuelle Druckfehler keine Haftung.

Das Buch bei GRIN: https://www.grin.com/document/1366980

DOSB Vereinsmanager C

- Lizenzlehrgang -

Fitnessstudio im Verein
Finanzierungs- und Marketingplan

18.03.2015

Inhalt

1. Aufgabenstellung

Entwickeln Sie einen Finanzierungsplan und einen Marketingplan für ein Fitnessstudio im Verein.

Umfang und Zeit:

Die Hausarbeit hat einen Umfang von ca. 6 – 15 DIN A4 Seiten. Die Vortragsdauer im Lizenzlehrgang (Kernthema) beträgt ca. 15 - 20 Minuten.

Inhaltsanspruch:

Das Inhaltsthema ist übersichtlich gegliedert, folgerichtig aufeinander aufbauend und schlüssig darzustellen. Dabei sind die wesentlichen theoretischen Inhalte der Vereinsmanager-Ausbildung einzubeziehen und darüber hinaus auf die entsprechende Organisation und Situation abzustellen. Weitere Informationen aus Büchern, Lehrmaterialien etc. können gerne einbezogen werden.

Es ist darzustellen, dass das Thema selbstständig bearbeitet wurde. Ein pauschales Abschreiben oder Übernehmen von Veröffentlichungen entspricht nicht den Ansprüchen eines Inhabers einer DOSB Vereinsmanager C Lizenz.

2. Fitnessstudio im Verein RSV Eintracht 1949 e.V. - Vorüberlegungen

Ein Fitnessstudio in einen gemeinnützigen Verein zu integrieren ist eine große Herausforderung. Es sind viele Vorüberlegungen zu treffen und abzuwägen, ob die benötigten Gegebenheiten dafür vorhanden sind.

Die wichtigsten Punkte stellen die Konzeption, die Raum- und Personalplanung und das Umweltmanagement dar. Ebenso primär sind die Finanzierungsplanung und ein Marketingplan, welche in dieser Arbeit fokussiert werden sollen.

Zu den anderen zu erhebenden Daten gehören unter Anderem:

- die Marktanalyse
- die Standortanalyse
- die Konkurrenzanalyse
- die Preiskalkulation
- die Festlegung des Angebotes und der Öffnungszeiten
- sowie die Planung des Personal- und Materialbedarfs

Die Planung erfolgt für bereits vorhandene Räumlichkeiten in Eigenbesitz. Im Folgenden einige Fotos:

Zu erkennen ist ein modern renovierter großer Raum mit vielen Fenster. Einziges Manko ist die verkleinerte Stellfläche durch die Dachschrägen. Jedoch wird hierdurch ein überaus gemütliches Flair ausgestrahlt.

Weiteres Plus sind die auf Bild eins zu sehenden Geräte, die sich bereits in dem Gymnastikraum befinden.

3. Marketingplan

Um mit kommerziellen Anbietern mithalten zu können, muss ein konkreter Marketingplan aufgestellt und verfolgt werden. Hierzu wird zunächst das "Wesen" des Studio-Vereins dargestellt.

Hierzu gehören neben den Alleinstellungsmerkmalen auch die Vereinsphilosophie und die Zielgruppendefinition. Dies geschieht natürlich in enger Verbindung zur Vereinssatzung und in Hinsicht auf den allgemeinen Vereinszweck.

Vereinslogo des RSV Eintracht 1949 e.V.

3.1. Leistungsprofil

Das Angebot, also die neue Abteilung des Vereins, umfasst ein Fitnessstudio inklusive aller gängigen Geräte. Ausgeklammert werden Angebote von Kursen und der Verkauf von Getränken oder Speisen. Die Abteilung "Fitnessstudio" umfasst somit das Angebot des freien Trainings an Groß- und Kleingeräten mit professioneller Aufsicht bzw. Anleitung.

Die Geräteausstattung in dem ca. 100 m² großen Gymnastikraum wird sich auf Kosten von ca. 30.000 € belaufen und soll sich wie folgt darstellen *(vgl. NTB, 2001)*:

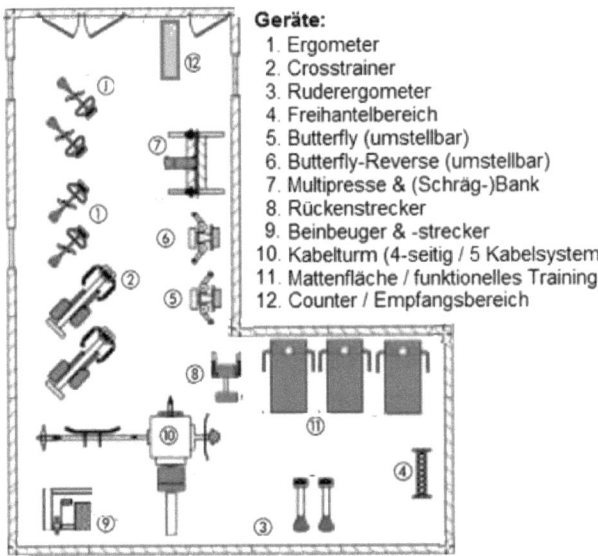

Geräte:
1. Ergometer
2. Crosstrainer
3. Ruderergometer
4. Freihantelbereich
5. Butterfly (umstellbar)
6. Butterfly-Reverse (umstellbar)
7. Multipresse & (Schräg-)Bank
8. Rückenstrecker
9. Beinbeuger & -strecker
10. Kabelturm (4-seitig / 5 Kabelsysteme)
11. Mattenfläche / funktionelles Training
12. Counter / Empfangsbereich

Die Öffnungszeiten sind für die erste Zeit. Sobald das Angebot angenommen worden ist und weiteres Interesse besteht, werden weitere Öffnungszeiten entsprechend dazu kommen. Die Zeiten richten sich vor allem nach den Stoßzeiten eines Fitnessstudios. Diese begründen sich auf festen Tageszeiten des älteren Klientel. So sind Ältere oft früh wach und aktiv. Auch die Mittagszeit stellt eine feste Größe dar, an der unsere Mitglieder zuhause sein werden, um ihr Essen zu genießen und ggf. eine Ruhezeit einzuhalten. Ab 16:00 Uhr ist es dann wieder möglich an die Feierabendzeit der arbeitenden Bevölkerung anzuknüpfen.

Öffnungszeiten

Montag	9.00 – 12.00 Uhr	16.00 – 20.00 Uhr
Dienstag	---	16.00 – 20.00 Uhr
Mittwoch	9.00 – 12.00 Uhr	16.00 – 20.00 Uhr
Donnerstag	9.00 – 12.00 Uhr	---
Freitag		16.00 – 20.00 Uhr
Samstag	---	---
Sonntag	10.00 – 15.00 Uhr	---

Im Gegensatz zu unserer Konkurrenz sehen wir den Samstag als Familientag unserer Zielgruppe, sodass wir zu Beginn keine Öffnungszeiten planen.

5

3.1.1. Zielgruppendefinition

Der RSV Eintracht e.V. richtet sich vor allem an Breiten-, Gesundheits- und Leistungssportler. Dies umfasst also eine sehr große Spannweite von potenziellen Mitgliedern. Darunter zählen Kinder, Jugendliche sowie Erwachsene und ältere Erwachsene.

Ältere Erwachsene nehmen Angebote vorwiegend vormittags (Rentenalter) wahr und am Nachmittag und Abend kommen überwiegend Schüler, Studenten und Erwachsene (arbeitende Teilnehmer). Aus diesem Grund wird sich das Angebot gerade in der Anfangsphase auf diese beiden Zeiten beschränken.

Der Standort zeigt im Einzugsbereich ausreichend mögliche Mitglieder und eine nahezu konkurrenzfreie Zone. Ein familiäres Angebot zu generieren passt optimal in die örtlichen Gegebenheiten, welche unter dem Punkt 3.1.2. Standortanalyse näher beschrieben werden.

3.1.2. Standortanalyse / Marktpotenzial

Die Standortanalyse erfolgte in Anlehnung an die Zielgruppendefinition. Daraus geht hervor, dass das Klientel sich über jegliche Altersstufen erstreckt. Gemeinsame Ziele sind Gesundheit und sportliche Leistung.

Das Vorhaben des RSV hat Potenzial. So zeigt eine Umfrage, dass die Mitgliedszahlen von 2010 zu 2014 in Fitnessstudios in Deutschland enorm anstiegen. So waren es 2010 lediglich rund 7 Millionen Mitglieder und entsprechend vier Jahre später bereits 19 Millionen Anmeldungen. (Statistica.com, 2014)

Des Weiteren stieg der Anteil an älteren Mitgliedern enorm. Dennoch ist der Hauptteil der Fitnessstudio-"Gänger" zwischen 25 und 50 Jahre alt.

In der Umgebung des RSV e.V. befindet sich kaum Konkurrenz. Lediglich Mrs.Sporty, Fit 2000, iFitness und ein weiteres Frauenfitnessstudio.

Dies sind alles kommerzielle Anbieter, von welchen sich zwei lediglich an weibliche Kunden wenden und einer sich auf ein Kursangebot beschränkt (iFitness - kein Gerätepark).

Nur Fit 2000 stellt eine Konkurrenz dar, befindet sich jedoch immerhin drei Kilometer entfernt und spricht mit seinen Unternehmensleitsätzen eine etwas andere Zielgruppe als der RSV an.

Somit darf sich der Verein eines relativ freien Standortes erfreuen.

3.1.3. Angebote (Kundennutzen & Alleinstellungsmerkmale)

Im Bereich des Kraftsportes wird die Nachfrage weiterhin stetig steigen. Bereits heute sehen wir hierzu einen deutlichen Trend, der sich zunehmend verstärkt. So haben sich beispielsweise die Ausgaben für Gesundheitsleistungen in Deutschland seit 2008 bis 2012 um 13 % erhöht. Im speziellen Bereich der therapeutischen Leistungen sogar um 19 %.

Die Zuzahlungsleistungen seitens der Krankenkassen steigen und das Bewusstsein der Menschen entwickelt sich dahingehend, gesund und fit zu sein und es auch im Alter zu bleiben.

Mit steigender Lebenserwartung und der Tendenz zu einer „überalternden" Gesellschaft steigt also nicht nur die Nachfrage nach Gesundheitsangeboten, sondern es steigt auch die Anzahl der Nachfrager – der potenziellen Zielgruppe.

Männer sowie Frauen sollen gleichermaßen angesprochen werden und das Einkommen spielt eine untergeordnete Rolle, da unser Angebot gemeinnützig und somit frei zugänglich für alle sein soll.

Um möglichst effektiv an das potenzielle Mitglied herantreten und auf dessen Wünsche eingehen zu können, muss man selbige erst einmal kennen.

Personen, die sich dem Gesundheits- und Leistungssport zuneigen, machen sich Gedanken um ihre Gesundheit bzw. möchten ihre sportliche Belastungsfähigkeit steigern.

Sie möchten entweder ihr Wohlbefinden möglichst lange erhalten und mit dem Sport daran arbeiten, oder es aber wiederfinden, da sie bereits an Erkrankungen oder Gebrechen leiden. Außerdem sind laut einer Umfrage aus dem Jahr 2012 die vornehmlichen Kundenziele im Bereich der Prävention die Muskelkräftigung, Herz-Kreislauftraining, Gewichtsreduzierung, Stressabbau und Ernährungsverbesserung. Ebenso darf die soziale Komponente im Gesundheitsbereich nicht vernachlässigt werden.

Für die Leistungssportler bietet das Studio die Möglichkeit, bei entsprechendem Training die sportliche Leistung umfassend zu verbessern. So kann ein angepasst muskulär gut trainierter Sportler bessere Resultate in seiner eigenen Sportart erbringen (zB. Judo, Basketball, Fußball, etc) Hierfür sollen feste Trainingszeiten für die Leistungssportgruppen im Fitnessstudio eingeplant werden.

Um all dies erreichen zu können, braucht man neben einem entsprechenden Angebot auch eine passende Umgebung. In unserer Einrichtung ist deshalb nur qualifiziertes und kompetentes Personal tätig, welches gezielt auf die Bedürfnisse im Gesundheitssport eingeht. Damit sind ein offenes, freundliches Auftreten und ein stressfreier, verständnisvoller Umgangston gemeint. Daneben befinden sich unsere Räumlichkeiten in einer gut erreichbaren Gegend, sowohl mit öffentlichen als auch mit privaten Verkehrsmitteln. Ein weiterer erfüllter Umgebungsfaktor ist die helle Gestaltung der Räumlichkeiten.

Durch all diese Faktoren wünschen wir eine moderne, frische und doch familiäre Atmosphäre zu schaffen, getreu dem Motto: „Alle unter einem Dach - Eine Region, ein Verein!".

Nach einer individuellen Terminabsprache erhält ein Neukunde eine einstündige Einführung in unser Angebotsspektrum. Das gesamte Training wird generell von einem Trainer überwacht.

Da sich unsere Zielgruppe über Arbeitende und Rentner erstreckt, bieten wir natürlich unsere Dienstleistung vor-, nachmittags und abends an. Dabei decken wir den Bereich von Gesundheit und Prävention flächendeckend ab. Des Weiteren legen wir höchsten Wert auf die Förderung des Gemeinschaftsgefühls und der Freude an Bewegung.

Die Preisgestaltung unseres Angebotes wird sich im unteren Preissegment bewegen. Hierdurch entsteht ein Dreieck aus angemessenem Preis, Qualität und besonderem Service, welches unseren Kunden einen herausragenden Nutzen verspricht und bringt.

Größtes Problem wird die erste Etablierung auf dem Markt und die Erschließung der Region. Hier muss neben der Gewinnung von Neumitgliedern auch auf die Bindung dieser größter Wert gelegt werden.

3.2. Unternehmensleitsätze (Vision, Mission, Ziele - Normen & Werte)

(1)	Wir bieten ein familiäres Umfeld
(2)	Wir fördern Freude an Bewegung
(3)	Wir verstehen uns als Dienstleister im Gesundheits- und Leistungstraining
(4)	Wir wollen auch die erreichen, die bisher nur wenig körperlich aktiv
(5)	Wir bieten ein kundennahes umfassendes Betreuungssystem
(6)	Wir legen besonderen Wert auf fachliche und menschliche Kompetenz
(7)	Wir führen regelmäßige qualitätssichernde Maßnahmen durch

Vision, Mission, Ziele

Unser Angebot zielt auf gesundheitsbewusste Menschen ab, die nach einem Ort für Bewegungsförderung in einem familiären Umfeld suchen. Wir möchten das Angebot anfänglich deshalb auf einige wenige Vormittags- und Abendkurse beschränken. Dies sind die optimalsten Zeiten für unser Klientel. Danach soll sich das Angebot je nach Bedarf immer weiter auch über die Mittagsstunden beziehungsweise späten Abendstunden ausbreiten.

Des Weiteren ist eine Vergrößerung des funktionellen Trainingsbereiches angedacht und die Anschaffung eines Laufbandes.

Erweitert werden soll dieses Programm durch enge Kooperationen mit Ärzten, Krankenkassen und Apotheken.

Normen und Werte

-   wertschätzender Umgang miteinander
-   offene und transparente Kommunikation
-   vertrauensvolles und zielorientiertes Arbeiten Hand in Hand
-   reflektierendes konstruktives Denken und Handeln
-   Identifikation mit dem Verein und entsprechende Leistungsbereitschaft

Wir achten alle Kulturen, Menschenrechte, Werte und Normen. Wir stellen uns den gesellschaftlichen und sozialen Herausforderungen der heutigen Zeit und treten unseren Kunden und ihren Wünschen leistungsbereit gegenüber.

3.3. Marketing-Mix

Das Marketing nutzt die Elemente der Produkt-, Preis-, Kommunikations- und Distributionspolitik um ein höheres Wert- oder Nutzversprechen für den Kunden zu erreichen (vgl. Hager, 2013):

Produktpolitik	Preispolitik	Kommunikations-politik	Distributions-politik
Produktinnovation		Werbung	Wahl der Absatzwege
Produktqualität	Preishöhe	Verkaufsförderung	
Produktvariation	Preis-differenzierung	Public Relation	Vertriebssysteme
Produkt-differenzierung	Konditionen	Sponsoring	Logistik
Produktgestaltung	Rabatte/ Skonto	Messen	Einsatz von Absatzmittlern
Verpackung	Zahlungsbe-dingungen	persönliche Ansprache	
Markenpolitik		Schulungen	
Kundendienst			

Es folgt die Übertragung und Erklärung des Marketing Mix in Bezug auf das Fitnessstudio des RSV Eintracht:

Die **Produktpolitik** setzt auf qualitative, personenbezogene Dienstleistungen, d.h. direkte Betreuung, Beratung und Training. Dies ist neben den offensichtlichen Faktoren auch wichtig für den Erhalt der Gemeinnützigkeit des Vereins, da die Betreuung ein wesentlicher Faktor hierfür ist. Ohne die qualitative Trainingsbetreuung, würde das Angebot nicht mehr als Vereinszweck entsprechendes Angebot gelten (§ 65 AO).

Die **Preispolitik** basiert auf der Strategie die Markterweiterung über hochqualitative Angebotserweiterung zu einem fairen Preis.

In der **Kommunikationspolitik** setzt der RSV auf folgende Instrumente:

- Mund-zu-Mund-Propaganda (vor Allem in der Vorbereitungsphase)
- Werbung durch Flyer im Vereinshaus und auf der vereinseigenen Internetseite
- Public Relations durch Artikel (redaktionelle Beiträge) in regionalen Zeitungen

In der **Vertriebspolitik** wird der Kunde direkt angesprochen. Es werden auch Kooperationen mit Partnern, wie beispielsweise Physiotherapeuten, Ärzten, Bademeistern etc. angestrebt.

3.4. SWOT-Analyse

Strenghts	Weaknesses
- familiäre Umgebung	- keine Ärzte im Haus (Kooperationen!)
- bereits vorhandene Mitglieder	- kein MTT (Vision!)
- hohe Mitgliederbindung	- bereits akzeptierte Konkurrenz
- etablierter Vereinsname	- geringe personelle Ressourcen
- viele Angebote für künftige Mitglieder	
Opportunities	**Threaths**
- starker Nachfrageanstieg im Bereich Gesundheitssport	- weit gefächertes Kursangebot
- ständige Weiterentwicklung des Angebotes	- Fokus auf Kundennähe
- Kooperationen mit umliegenden Einrichtungen (Tennisclub, Schule dort...)	- Kooperationen knüpfen (Ausgleich des Ärzteproblems)
	- Ausgleich des Personal-Problems

4. Finanzierungsplan

Bei der Finanzierung eines Fitnessstudio im Verein entstehen folgende Herausforderungen: Die Gemeinnützigkeit muss aufrechterhalten werden und man muss dennoch mit kommerziellen Fitnessstudios mithalten können.

Bezüglich der Gemeinnützigkeit ist zu beachten, dass nach § 65 AO die Einnahmen aus einem Fitnesscenter als Vermietung von Sportgeräten gilt. Dies würde also den Verlust der Steuerbefreiung bedeuten. Um dies zu vermeiden, ist also nur eine Überlassung an Mitglieder zulässig unter der Prämisse, dass ein qualifizierter Übungsleiter die Sporteinheiten überwacht. So wird das Sportstudio als sportliche Veranstaltung eingestuft und fällt in den steuerbefreiten Bereich. Auch können Übungsleiter Anspruch vom Übungsleiterfreibetrag nach § 4 Nr. 26 UStG machen.

4.1. Investitions- und Kostenplanung

Der Investitionsbedarf beläuft sich auf ca. 68.600,- Euro. Dabei werden die Mittel zunächst aus Eigenmitteln und in der Folgezeit zunehmend aus Erträgen aus dem Studio selbst aufgebracht.

A. Investitionen zur Herstellung der Leistungsbereitschaft	**32.000,00€**
Grundstück inkl. Markterschließungskosten	--- (bereits in Besitz)
Gebäude (Abriss & Neubau)	--- (bereits in Besitz)
Technik (PC, Drucker)	(teilweise bereits vorhanden) 500€
Geschäftsausstattung / Einrichtung	(teilweise bereits vorhanden) 500€
Sportausstattung / Fitnessgeräte	30.000€
Reserve (für Folgeinvestitionen)	1.000€
B. Für die Leistungserstellung notwendiger Kapitalbedarf	**33.200,00€**
Personalkosten	31.200€
Forderungen / Außenstände	1.500€
Reserve für besondere Belastungen	500€
C. Spezielle Kosten	**1.400,00€**
Marketing / Werbekonzeption	300€
Anzeigen	200€
Schilder / Firmenbögen / Visitenkarten	200€
Flyer	200€
Steuerberater	200€
Reserve	300€
D. sonstige Kosten	**2.000,00€**
Betriebsmittel (Anlaufkosten, laufende Kosten, Dienstleistungen, GEMA etc.)	2.000 €
Gesamter Kapitalbedarf	**68.600,00€**

Im Folgenden werden die monatlichen Kosten aufgezeigt. Dies sind lediglich Richtwerte, die für den gesamten Zeitraum der Studiobetreibung anfallen. Hinzu kommen natürlich die Personalkosten, welche sich auf ca. 2.000 € monatlich belaufen. Diese Zahl ergibt sich aus der vorläufigen durchschnittlichen Öffnungszeit an sechs Tagen pro Woche. Um sich dann gegenüber der kommerziellen Konkurrenz durchsetzen zu können, ergibt sich dieses Personalkostenkontingent. Es müssen sich generell zwei Personen im Studio befinden (zB. eine 400€-Kraft und ein qualifizierter Trainer). Sobald sich das Studio finanziell problemlos selbst tragen kann und Überschüsse generiert, werden die Öffnungszeiten erweitert und der Stundenlohn entsprechend angepasst.

Nun möchte ich die zu erwartenden monatlichen Kosten darstellen. Die Aufteilung erfolgt nach Kostenarten.

Kostenarten	Monatlicher Richtwert
Betriebskosten wie Warmwasser, Abwasser, Heizung	~ 200 €
Energiekosten (Strom)	~ 64,00 €
Musikkosten & GEZ*	~ 175,00 €
Reinigung	~ 80,00 €
Steuerberater / Bilanzerstellung	~ 30,00 €
Bankgebühren	~ 8,00 €
Wareneinsatz	~ 200,00 €
Telefon und Internet	~ 50,00 €
Versicherung	~ 150,00 €
Kfz	~ 65,00 €
Bürobedarf	~ 15,00 €
Gesamtsumme	**~ 1037,00 €**

Hinzu kommen des Weiteren Personalkosten (38**), Kapitaldienst (7**), Werbungskosten (4**) und Kosten für Fortbildungen, Rechtsberatung und Berufsbekleidung (4**). Extra Raumkosten (16**) entfallen, da sich die Räumlichkeiten bereits in Eigenbesitz befinden.

Hieraus ergibt sich eine optimale Summe von ungefähr 1.500,00 €. Diese wird voraussichtlich überschritten, da mehr in qualifiziertes Personal investiert werden muss. Das ist durch die Ersparnis der Raumkosten (16**) möglich. Zieht man diese wieder in die Berechnung mit ein, ergeben sich auf Grundlage des Halbjahres-Finanzplanung im folgenden Abschnitt eine durchschnittliche Summe von rund 2.000,00 €.

Das ergibt eine Gesamtsumme der Personalkosten und weiteren Kostenarten von rund 3.000,00 € an zu erwartenden monatlichen Kosten.

4.2. Finanzierungsplan

Eigenkapital	In Euro (€)
Barmittel	28.000 €
Sacheinlagen und Eigenleistungen (aktivierungsfähig)	20.500 €
Umlagen, Sonderzahlungen	---
Privatdarlehen, Spenden, Baumittel etc.	3.000 €
Summe:	**51.500 €**
Fremdkapital	**In Euro (€)**
Hausbankkredit	---
Bürgschaft	---
Darlehen oder Anleihe	---
Öffentliche Fördermittel	15.000 € (durch den LSB) 2.500 € (staatlich)
Sonstige Fördermittel	---
Summe:	**17.500 €**

*Durch ausschließliche Nutzung des Angebotes von fitnessradio.tv wird GEMA und VG-Media eingespart.
** Die Zahlen beziehen sich auf den optimalen Richtwert im 2% vom Nettoumsatz.

Aus dieser Aufstellung ergeben sich folgende Quoten:

$$EKQ = \frac{Eigenkapital}{Gesamtkapitalbedarf} \cdot 100 = \frac{51.500€}{68.600€} = 75,07\%$$

$$FKQ = \frac{Fremdkapital}{Gesamtkapitalbedarf} \cdot 100 = \frac{17.500€}{68.600€} = 25,51\%$$

Da die Eigenkapitalquote deutlich größer ist, lässt sich eine solide Finanzierung aus dem Plan ableiten.

Natürlich soll das Studio auch erhalten bleiben. Hierzu ist eine Überschuss-/Defizit-Rechnung notwendig.

Die Berechnung beginnt ab Eröffnungsmonat, also erst nach den Erstinvestitionen, und zeigt dann die zu erwartende Entwicklung über ein halbes Jahr auf:

	Okt	Nov	Dez	Jan	Febr	Mrz
A. Einzahlungen (Summe)	2900,00€	2700,00€	2400,00€	4100,00€	3700,00€	3500,00€
Umsätze	2400,00€	2200,00€	1900,00€	3600,00€	3200,00€	3000,00€
Sonstiges	500,00€	500,00€	500,00€	500,00€	500,00€	500,00€
B. Auszahlungen (Summe)	2800,00€	2800,00€	2400,00€	3000,00€	5200,00€	3400,00€
Investitionen	---	---	---	---	2000,00€	---
Personalkosten	1600,00€	1600,00€	1600,00€	2000,00€	2200,00€	2400,00€
Materialkosten	200,00€	200,00€	200,00€	200,00€	200,00€	200,00€
sonst. Betriebsausgaben	900,00€	900,00€	900,00€	1000,00€	1000,00€	1000,00€
Zinsen	---	---	---	---	---	---
Tilgungen	---	---	---	---	---	---
sonstiges (Reserve*)	100,00€	100,00€	100,00€	100,00€	100,00€	100,00€
C. Überschuss/Defizit	+100 €	-100 €	+0 €	+1100 €	-1500 €	+100 €

* Die Reserve dient als Ausgleich von Einnahme-/Ausgabeschwankungen. Diese wird beispielsweise bei der Investition im Februar genutzt.

4.3. Förderprogramme

Sportvereinen ist es möglich, auf Förderungen der entsprechenden Landessportbünde zurückzugreifen. In diesem Fall handelt es sich um den Landessportbund Brandenburg. Hier können Fördermittel von bis zu 70 % der zuwendungsfähigen Gesamtkosten beantragt werden für folgende Investitionen:

* Sportstättenbau (Neubau, Erweiterung, Modernisierung)
* Instandsetzung
* Maßnahmen, die unmittelbar der Sportausübung dienen
* sanitäre Einrichtungen
* Geschäfts- und Schulungsräumlichkeiten

Die Förderung kann laut Landessportbund Brandenburg "aus bis zu 40 % aus einem nicht rückzahlbaren Zuschuss bestehen".

5. Perspektiven

Natürlich soll sich das Angebot des Vereinsstudios genauso weiterentwickeln, wie es der gesamte Verein tut.

Dafür werden regelmäßig saisonale und trendgerichtete Angebote generiert. Ebenso werden Kooperationen angestrebt. Dies wurde bereits im Marketingplan aufgezeigt.

Vorteilhafte Kooperationspartner sind Krankenkassen (in Rehabilitation § 43 SGB V und Präventionsbereich § 20 SGB V), Ärzte, Schulen und auch Physiotherapiepraxen sowie teilweise Apotheken.

Gerade die Kooperation und Anerkennung durch Krankenkassen, stellt ein extrem attraktives Angebot für die Mitglieder dar, da sie hierdurch Gelder erstattet bekommen sowie Bonuspunkte erhalten können. Ebenso bezuschussen Krankenkassen Maßnahmen mit dem "Pro Gesundheit"-Siegel mit bis zu 80 % der Teilnahmegebühr.

Um ein weiteres Zeichen für Qualität zu setzen, sollte schnellstmöglich das Erlangen des Qualitätssiegels "Sport Pro Gesundheit" angestrebt werden. Dieses Siegel wurde vom Deutschen Sportbund und der Bundesärztekammer entwickelt. Es wird bereits seit 2000 vergeben und ist bundesweit anerkannt.

6. Schlussbemerkung

Es stellt eine enorme Herausforderung dar, ein vereinseigenes Fitnessstudio zu etablieren. Hierbei muss sich gegen kommerzielle Konkurrenz durchgesetzt werden und ein neuer Markt erschlossen werden.

Dabei ist es wichtig mit den Trends zu gehen und sich, ebenso wie die Fitnesswelt, in einem ständigen Wandel zu bewegen.

Im besten Fall sollte eine eigene Leitungsstelle für diesen Bereich ernannt bzw. eingestellt werden. So wird genügend Flexibilität geboten sich regelmäßig fortzubilden und Entscheidungs- und Kommunikationswege kurz zu halten.

7. Quellen- und Literaturverzeichnis

Bauer, S., Becher, C. (Hrsg). (2012). Das Fitness-Studio im Sportverein, Planung - Realisierung - Betrieb - Ein Leitfaden (1.Auflage). Frankfurt am Main: Deutscher Olympischer SportBund.

Grunwaldt, M. & Kalina, K. (2013). Satzung des RSV Eintracht Teltow / Kleinmachnow Stahnsdorf 1949 e.V. (VR 719 P). Stahnsdorf.

Hager, Dr. (2013): Vorlesung Marketing an der FHSMP im Modul 13-A. abgerufen unter: esab-lernzentrum.eu/moodle

Hoffsümmer, P. (2009). Steuerbefreiungen für Inlandsumsätze. Peter Lang: Köln.

Kalina, A. & Kalina, K. (2013). Regionaler Sportverein Eintracht 1949 e.V. Zugriff am 10.03.2015 um 18:45 Uhr unter: http://www.rsv-eintracht1949.de/RSV2020/CMS/index.php

Kamberovic, R., Fadda, G. & Meyer, M. (2007). Selbständig in der Fitnesswirtschaft. Ratgeber für Existenzgründer und Studiobetreiber. SSV Sportstudio Verlag: Hamburg.

Langer, H. (2001). Leitfaden zur Einrichtung eines Fitness- und Gesundheitsstudios. Eine Planungshilfe von Sport-Thieme und dem Niedersächsischen Turner-Bund e.V. Hannover.

Schimke, M., Vieweg, K. (Hrsg.). (2004). Sportstätten - Finanzierung, Vermarktung, Vergaberechtliche Probleme. Band 32: Recht und Sport. Boorberg Verlag: Stuttgart.

Schlenz, P., Maisenbach, I. (2005). Praxishandbuch: Marketing für Fitness- und Freizeitanlagen. Health and Beauty: Karlsruhe.

Seer, R. M. (2003). Abgabenordnung, Ausgabe 16. Otto Schmidt.

Statista / Umfrage. (2014). Fitnessstudio-Nutzer 2014. Zugriff am 10.03.2015 um 18:30 Uhr unter: http://de.statista.com/statistik/daten/studie/272096/umfrage/fitnessstudio-nutzer-in-deutschland-nach-alter/

Vornholz, G. (2005). Finanzierung von Sport und Freizeitanlagen. Band 151: Beiträge zur Lehre und Forschung der Leibeserziehung. Hofmann Verlag: Schorndorf.